Julian Romeos

Jägermeister sucht kühle Blonde

Copyright © 2003
Carsten Willer, Samswegen

Gestaltung
Martina Gruhn, Düsseldorf

Herstellung
Books on Demand GmbH, Norderstedt

ISBN 3-8330-1126-2

Kleine Anzeige. Große Liebe.

Hat sie dich verkohlt? Ist sie dir durchgebrannt? Hat sie sich
auf dem Weg zum Zigarettenautomaten verirrt? Oder hast
du ihr den kleinen Koffer vor die Tür gestellt? Wegen dieses
blonden Lackaffen? Oder wegen des ewigen Streits um die
bunten Scheine mit den Brücken drauf?

Alles gar kein Problem.

Du schaltest einfach eine Chiffreanzeige in der Zeitung und
schon hast du eine Neue. Eine, die nicht zickt. Eine ohne
Migräne. Eine, die nicht nervt. Eine, die dir gefällt.

Aber was schreibst du rein?

„Jägermeister sucht kühle Blonde" oder „Rolling Stone sucht
endlich Halt" oder „Playboy sucht blonde Playstation"
oder „Ganzer Kerl sucht bessere Hälfte".

In diesem Büchlein findest du zwölf Dutzend etwas anders
getextete Kontaktanzeigen, die du garantiert nicht jeden Tag
in der Zeitung liest. Ausgedacht und aufgeschrieben von
einem einzigen Werbetexter, der sich selbst Julian Romeos
nennt.

Werbetext in Sachen Liebe.

Ist es wirklich möglich, nur mit ein paar Sätzen, etwas Drucker-
schwärze und Zeitungspapier den Partner fürs Leben zu finden?
Wie aus einem Hit-Single plus Kontaktanzeige ein echter
Chartstürmer wird, weiß niemand wirklich genau. Es gehört,
wie so oft im Leben, immer ein bisschen Glück dazu. Wie
du es auf keinen Fall machen solltest, zeigt dir ein einfacher
Blick in die Zeitungen. Wenn du die Anzeigenmärkte durch-
stöberst, wirst du feststellen, dass weit über 90 Prozent
aller Kontaktanzeigen sich sehr ähneln. Die Krönung aller
Chiffren sind die Abkürzungszeremonien.

Jg. M., 34 J., NR., NTR., su. n. gr. Entt. liebev. Fr. m. Sinn f.
Hum. u. alles Schö., Bildzuschr. gar. beantw., Chiffre ...

Das Motto, ich hätte gern einen Partner, aber Geld darf es nicht
kosten und eine Idee habe ich auch nicht, funktioniert nicht
mal in Schottland, sagen eingefleischte Zukurzgekommene.
Stellen wir uns also die Frage, welche Konventionen es zu bre-
chen gilt und wie wir einen Alleinstellungsanspruch schaffen
können. Denken wir über Relevanz, Originalität und Wirkung
nach, um dann zu einer ganz einfachen Erkenntnis zu kommen.

Die Anzeige ist nichts.
Die Idee ist alles.

Die Anzeige ist eigentlich nur der Impulsgeber für die Kontakt-
aufnahme und eventuell ein erstes Selektionswerkzeug. Der
wirkliche Funke kann sowieso erst überspringen, wenn zwei
Menschen sich in die Augen sehen. Wenn sie auf der gleichen
Wellenlänge Signale aussenden.

Es geht also nur um den Anstoß zum Briefe schreiben und nicht
um das Alter oder den Wohnort oder um Allgemeinplätze
wie Treue, Vertrauen und Zuverlässigkeit. Es geht um die Idee.

Der potenzielle Kandidat soll einfach nur neugierig werden und
sich überrascht fragen: Was für eine Person steckt wohl
hinter dieser Anzeige? Das will ich jetzt wissen. Unbedingt.
Sofort.

Wenn das passiert, hat die Anzeige ihren Zweck erfüllt.

Dieses Büchlein ist dazu gemacht, dich bei der Ideenfindung für
deine ganz persönliche Kontaktanzeige zu inspirieren. Finde
selbst heraus, wie du mit wenigen Zeilen Text das Einzigartige
aus deiner Persönlichkeit herausholst.

Am besten funktioniert das immer noch mit Humor. Versuche
einfach, den anderen ein Lächeln auf die Lippen zu zaubern.
Du wirst es erleben. Eine witzige Idee wirkt Wunder.

Auf die Klötze, fertig, los. Ich bremse auch für Antworten auf Kontaktanzeigen. Chiffre ... (0)

Welche Frau will einen Millionär aus mir machen?
Hans, 82, Milliardär. Chiffre ... (1)

Frage nicht das Publikum. Hoffe nicht auf den Fifty-Fifty-Joker.
Ruf einfach mich an. Dann gewinnst du zwar keine Million.
Aber wenn du mich kennenlernst, wirst du jauchzen.
Chiffre ... (2)

Ich habe schon einen Baum gepflanzt. Ich habe schon ein Buch geschrieben. Ich habe noch keinen Sohn gezeugt. Welche Frau macht endgültig einen richtigen Mann aus mir. Chiffre ... (3)

Von wegen Männer sind Schweine. Ich bin nicht rosa, mache keinen Mist und habe auch keinen Ringelschwanz. Trotzdem will ich endlich mal Schwein haben und dich kennenlernen. Chiffre ... (4)

Ich möchte Ihnen gern das „Du" anbieten. Wenn wir dann ein richtiges Duo sind, nehmen wir meine Dukaten und machen eine Hochzeitsreise nach Dubai oder nach Dubrovnik. Chiffre ... (5)

Paarweise

Jägermeister sucht kühle Blonde, die mir nicht schon am nächsten Morgen bitter auf den Magen schlägt. Chiffre ... (6)

Teufelskerl verspricht Himmel auf Erden und sucht Engel, der mir das Leben nicht zur Hölle macht. Chiffre ... (7)

Bodybuilder sucht Anna. Aber ohne Bolika.
Chiffre ... (8)

Bohnenstange sucht zartes Pflänzchen, das Lust hat sich anzuschmiegen. Chiffre ... (9)

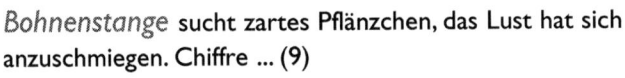

Inoffizieller Mitarbeiter ist IM Augenblick allein und sucht IM Prinzip einen weiblichen Führungsoffizier IM Ruhestand für Treff in konspirativer Wohnung. Chiffre ... (10)

Alleinstehender sucht Alleinstehende, die nicht auf's Alleinsein steht. Chiffre ... (11)

Mann mit Geld wie Heu sucht Frau ohne Stroh im Kopf. Chiffre ... (12)

Spaßvogel sucht Ulknudel, die nicht auf den Ernst des Lebens wartet, sondern auf Max. Das bin ich. Chiffre ... (13)

Kontrabass mit leichtem Übergewicht – trotzdem einfach zu dirigieren – will bei dir die erste Geige spielen. Jetzt aber Allegro. Chiffre ... (14)

Lift-Boy sucht Karat-Girl für gemeinsame Stunden in der City, auf dem Karussell oder in Neumis Rockzirkus. Chiffre ... (15)

Allein-Sein-Allergiker sucht einsame Therapeutin.
Chiffre ... (16)

Armer Tropf sucht reiche Witwe, bis dass der Tod uns scheidet.
Chiffre ... (17)

Süßer Imker sucht flotte Biene, die ihm nicht gleich wieder
wegfliegt. Chiffre ... (18)

Weltmeister im Treusein sucht Rekordhalterin im Liebsein. Chiffre ... (19)

Schneeleopard sucht Schneehasen mit großen Ohren, den er zum Fressen gern haben kann. Chiffre ... (20)

Gelegenheitsraucher sucht Aschenputtel. Chiffre ... (21)

Kleiner Feigling will endlich klarer sehen und sucht Pflaume in Madeira. Chiffre ... (22)

Glaubensbruder sucht Glaubensschwester. Ich bekenne mich hiermit öffentlich dazu, dass ich fest daran glaube, über diese Anzeige die Frau meines Lebens zu finden. Chiffre ... (23)

Wessimann sucht Ossibraut bevor die Landsleute wieder „ein Stein, ein Kalk, ein Bier" rufen. Chiffre ... (24)

Zweier ohne Steuermann sucht Steuerfachgehilfin, die mit uns in einem Boot sitzen will, aber auch dafür sorgt, dass wir nicht ins Rudern kommen. Chiffre ... (25)

Märchenhaft

Es war einmal ein Mann. Der hatte sieben Freunde. Und die Freunde sprachen: Peter, erzähl' uns von deiner Freundin. Da fing der Peter an: Es war einmal ein Mann. Der hatte sieben Freunde. Und die Freunde sprachen: Peter, erzähl' uns von deiner Freundin. Da fing der Peter an: Es war einmal ein Mann. Der hatte sieben Freunde. Und die Freunde sprachen: Peter, erzähl' uns von deiner Freundin. Da fing der Peter an: Es war einmal ein Mann. Der hatte sieben Freunde. Und die Freunde sprachen: Peter, erzähl' uns von deiner Freundin. Da fing der Peter an: Es war einmal ein Mann. Der hatte keine Freundin. Chiffre ... (26)

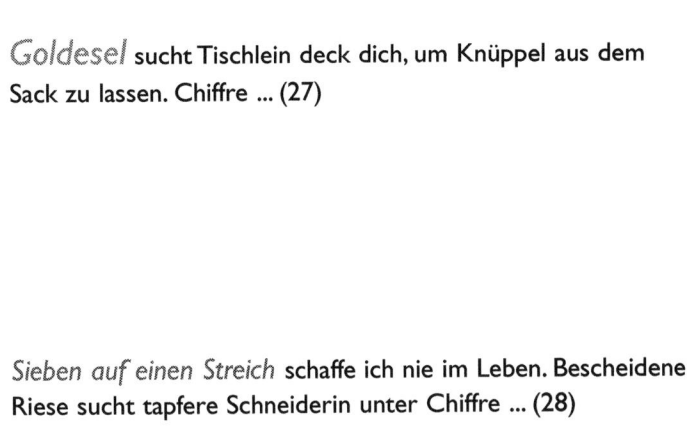

Goldesel sucht Tischlein deck dich, um Knüppel aus dem Sack zu lassen. Chiffre ... (27)

Sieben auf einen Streich schaffe ich nie im Leben. Bescheidener Riese sucht tapfere Schneiderin unter Chiffre ... (28)

Heute wach' ich, morgen brau' ich, übermorgen hol' ich meine Post. Ach wie gut, dass jeder weiß, dass ich auf's Alleinsein sch... . Chiffre ... (29)

Tierisch

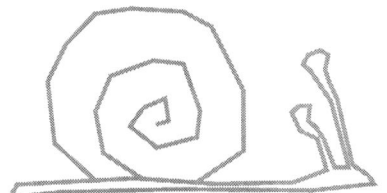

Superstar sucht Superdrossel, die keine Meise hat und ein vogelfreies Leben liebt. Chiffre ... (30)

Hahn sucht Huhn, denn Chicken ist fön. Chiffre ... (31)

Cheap, cheap, cheap. Gockel, der es gern billig mag, sucht Henne. Chiffre ... (32)

Romantiker sucht Romanze frei nach dem römischen Sprichwort: Mann sucht von Weibern und von Fischen, das Mittelstück gern zu erwischen. Chiffre ... (33)

Toller Hecht und ausnahmsweise mal nicht schwanz-gesteuert sucht Nichtmehrjungfrau, die mir nicht auf die Kiemen geht. Chiffre ... (34)

Ich finde es hundsgemein, dass es so einen Bärenaufwand macht, was Affenstarkes zum Vögeln zu finden. Chiffre ... (35)

Gedichtet

Einsamer Dichter möchte gern dichter dran sein.
Am Glück. Chiffre ... (36)

Eene meene Muh, raus bist du. Raus bist du noch lange
nicht, schreib mir erst wie alt du bist. Chiffre ... (37)

Eichen sollst du weichen. Buchen sollst du suchen.
Linden sollst du finden. Wir treffen uns am Lindenbaum.
Der steht am Brunnen vor dem Tore. Terminabsprache
unter Chiffre ... (38)

Ich heiße weder Heinrich noch Thomas und bin trotzdem ein richtiger Mann. Chiffre ... (39)

Zum Augenblicke möcht' ich sagen, verweile doch, du bist so schön. Der Augenblick muss ja nicht unbedingt Gretchen heißen. Aber wie die Faust auf's Auge sollte er passen. Chiffre ... (40)

Kurz, aber nicht scherzlos

Playboy sucht blonde Playstation.
Chiffre ... (41)

Rolling Stone sucht endlich Halt.
Chiffre ... (42)

Mann von Welt sucht Unschuld vom Lande.
Chiffre ... (43)

Schützenkönig sucht Kanone im Bett.
Chiffre ... (44)

Tote Hose sucht No Angel.
Chiffre ... (45)

Ganzer Kerl sucht bessere Hälfte.
Chiffre ... (46)

Seeräuber sucht Goldschatz.
Chiffre ... (47)

Prominent

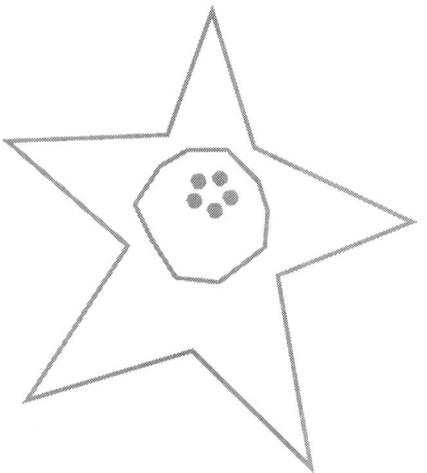

Ich bin berühmt für meine Sprüche. Ich bin berühmt für meine Kohlrouladen. Ich bin berühmt für meinen Gesang in der Badewanne. Das heißt, du müsstest mich eigentlich schon kennen. Wenn nicht, dann Chiffre ... (48)

Schuhmacher bleibt bei seinen Leisten und sucht barfüßige Rothaarige in Pool-Position für gelegentliche Ausflüge ins Kiesbett. Chiffre ... (49)

Raabauke sucht total tv-verrücktes Weib. Chiffre ... (50)

Welche Bergsteigerin möchte mal den Lindenberg besteigen? Schreibe mir bitte unter dem Kennwort „Udo". Chiffre ... (51)

Verdammt, ich lieb dich, ich lieb dich nicht. Mach dir deinen Reim drauf und schreib an Matthias. Chiffre ... (52)

Ich bin nicht ganz so brillant wie Giacomo Casanova. Aber ich bin viiiiiiel jünger und gondel auch mit dir nach Venedig. Chiffre ... (53)

Oh Gott, ein Schalk, der dich zum Lachen bringt. Wetten dass? Chiffre ... (54)

Willst du Georg Clooney? Oder Brad Pitt? Oder Matt Damon? Dann bist du hier falsch. Keinen Schauspieler gibt es unter Chiffre ... (55)

Sharon Stone ist mir zu heiß. Kim Basinger ist mir zu alt. Sandra Bullock ist mir zu reich. Der Platz auf meiner Besetzungscouch ist immer noch frei. Chiffre ... (56)

Nansen suchte den Nordpol. Amundsen suchte den Südpol. Messner suchte den Yeti. Ich suche nur eine coole Braut. Chiffre ... (57)

Ich habe Sunzi gelesen, der vor zweieinhalbtausend Jahren in China „Die Kunst des Krieges" geschrieben hat. Hätte er über „Die Kunst des Kriegens" geschrieben, bräuchte ich heute nicht inserieren. Chiffre ... (58)

Neugierig

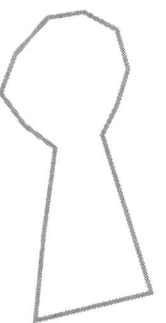

Willst du wissen, was eine Zeitungsente ist? Wenn die schreiben würden, dass wir beide uns nie kennenlernen werden. Chiffre ... (59)

Willst du wissen, warum ich dir erzähle, dass ich mein Frühstücksei immer köpfe, bevor ich es auslöffle?
Weil bei mir die rauhe Schale auch erst aufgebrochen werden muss, um an den weichen Kern zu kommen. Chiffre ... (60)

Willst du wissen, was ich mal werden will, wenn ich groß bin? Großmeister, den du in Schach halten kannst. Chiffre ... (61)

Willst du wissen, warum ich gerade in dieser Zeitung inseriere? Weil ich geahnt habe, dass gerade du sie liest. Chiffre ... (62)

Willst du wissen, was ich mache, wenn ich dich nicht treffe?
Dann ziele ich einfach nochmal. Chiffre ... (63)

Willst du wissen, was ich immer kurz nach dem Sex mache?
Sex! Chiffre ... (64)

Willst du wissen, warum ich heute so happy bin? Weil du so eine geile Braut bist und mir schreibst. Chiffre ... (65)

Willst du wissen, wie es hinter dem Mond aussieht? Ich kann es dir zeigen, weil ich dort lebe. Wer besucht mich in Mecklenburg. Chiffre ... (66)

Monetär

Geiz ist gar nicht geil. Ich suche eine geile Braut, die nicht mit ihren Reizen geizt. Chiffre ... (67)

Mein Haus – ein Kartenhaus. Mein Auto – von Matchbox. Meine Frau – auf Abwegen. Suche Bankkauffrau, vorzugsweise von der Sparkasse. Chiffre ... (68)

Ich lass' Vegas links liegen, wenn ich dein Herz gewinnen kann. Chiffre ... (69)

Kohle, Knete, Kies, Koks, Knöpfe, Zaster, Asche, Mäuse, Möpse, Penunse, Flocken, Heu, Kröten, Moos, Moneten, Piepen interessieren mich nicht. Hauptsache das Geld stimmt. Chiffre ... (70)

Ich versteigere mich selbst. Zum Ersten: Ich bin ein Mann. Zum Zweiten: Ich bin Single. Zum Dritten: Für Geld bin ich nicht zu haben. Du musst mir schon was Besonderes bieten, damit der Hammer fällt (natürlich nur rein symbolisch). Gebote bitte unter Chiffre ... (71)

Wer will waschen, bügeln und gebügelt werden. Übrigens, mein Sparstrumpf ist bügelfrei. Chiffre ... (72)

Sonderangebot: Liebe, Romantik und Treue kosten dich fast nichts. Nur eine Briefmarke. Chiffre ... (73)

Es gab einen Mann, der schrieb das Kapital. Es gibt viele Männer, die schreiben über das Kapital. Und dann gibt es Männer wie mich, die haben es einfach. Chiffre ... (74)

Man sagt, Geld verderbe den Charakter. So ein Quatsch. Du kannst dich selbst davon überzeugen unter Chiffre ... (75)

Berufen

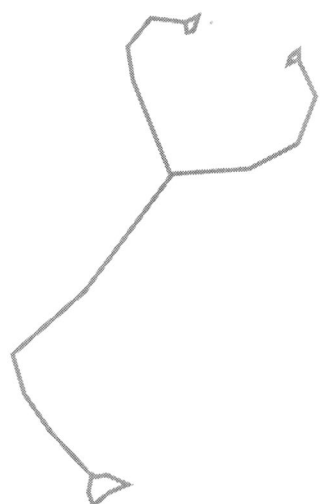

Mathematiker, der sich schon einmal verrechnet hat, sucht immer noch nach dem reziproken Verhältnis zwischen Mann und Frau. Chiffre ... (76)

Skipper sucht neue Seemannsbraut und nimmt Kurs auf den Hafen der Ehe. Chiffre ... (77)

Passionierter Golfer will mal wieder richtig einlochen. Mein Handycap: Mir fehlt eine Frau. Chiffre ... (78)

Rechtsanwalt sucht Linkshänderin, die auch keinen hängen sehen kann. Chiffre ... (79)

Buchhändler sucht „Die Vorleserin" mit der er „Die Glücksformel" findet. Das ist „Nichts als die Wahrheit". Chiffre ... (80)

Stomatologe sucht steilen Zahn. Chiffre ... (81)

Briefmarkensammler sucht blaue Mauritius aus Fleisch und Blut. Chiffre ... (82)

Maler sucht rassiges Weibsbild, das sich mehr für Rembrandt interessiert als für plastische Chirurgen. Chiffre ... (83)

Antiquitätensammler sucht gut erhaltenes weibliches Liebhaberstück. Chiffre ... (84)

Komiker findet es gar nicht komisch, dass er immer noch allein über seine Witze lachen muss. Chiffre ... (85)

Chirurg sucht junges Blut. Chiffre ... (86)

Maurer sucht Mauerblümchen für eine fundamentale Beziehung. Chiffre ... (87)

Durcheinander

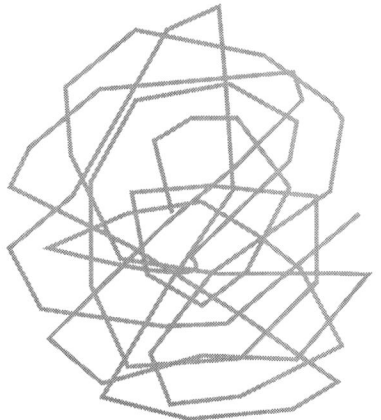

Ohne Regie und ohne Drehbuch, aber mit Happyend. Statist möchte bei dir die Hauptrolle spielen. Chiffre ... (88)

Man nehme ein Blatt Papier, einen Stift, eine Briefmarke, einen Umschlag und eine ordentliche Portion Humor. Fertig ist die Kennenlernmaschine. Chiffre ... (89)

Zukurzgekommener sucht bescheidene Technikerin, die sich auch noch über die kleinen Dinge im Leben freuen kann. Chiffre ... (90)

Wenn Herzbube Herzdame findet, die ein As im Reizen ist, wäre er endlich aus dem Schneider. Chiffre ... (91)

Sex ist nicht wirklich wichtig für mich. Fünf bis sechs Mal am Tag reichen völlig aus. Außer Samstag, da gucke ich Fußball. Chiffre ... (92)

Herr Ich-Will-Nicht-Mehr-Allein-Sein sucht Frau Ich-Will-Endlich-Zu-Zwein-Sein. Chiffre ... (93)

Männliches Ohriginal sucht Ohrlaubsbegleitung mit Ohrgasmusgarantie. Wer fährt mit mir zum Darsser Ohrt. Chiffre ... (94)

Ich kann kochen. Ich lese beim Frühstück keine Zeitung. Ich schnarche nicht. Ich schlafe nicht gleich nach dem Sex ein. Ich sehe gut aus. Ich bin trotzdem ein richtiger Mann. Ehrlich. Chiffre ... (95)

Du musst nicht über sieben Brücken geh'n. Du brauchst keine sieben dunklen Jahre übersteh'n. Du wirst auch nicht sieben Mal die Asche sein. Aber nur, wenn du mir gleich schreibst. Chiffre ... (96)

Das ABC lernt man in der ersten Klasse. Hast du damals nicht aufgepasst oder warum hast du mir immer noch nicht geschrieben? Chiffre ... (97)

Kopf oder Zahl. Nimm jetzt einfach eine Münze, werfe sie in die Luft und wenn Kopf gewinnt, dann schreibst du mir. Chiffre ... (98)

Houston. Ich habe ein Problem. Ich düse immer noch allein durchs Universum. Andockversuche unter Chiffre ... (99)

Ich habe in meinem Leben schon so viele Muscheln gefunden und niemals war eine Perle drin. Vielleicht bist du es? Chiffre ... (100)

Ich fahre keine Schwabenschaukel mit eingebauter Vorfahrt. In meiner Garage steht keine bayerische Weißwurstschleuder. Ich brauche auch keinen Potenzverstärker aus Zuffenhausen. Ich bin Pedalritter und suche junge und sportliche Tandempartnerin. Chiffre ... (101)

Du brauchst keinen strammen Busen. Du brauchst keinen knackigen Po. Du brauchst keinen flachen Bauch. Du brauchst mich. Chiffre ... (102)

Heut' will der Mann am Klavier mal kein Bier, mal kein Bier. Heut' sucht der Mann am Klavier genau hier, genau hier. Drum schreib' dem Mann am Klavier was von dir, was von dir. Chiffre ... (103)

Dieser Gutschein ist gut für ein Abendessen mit gutaussehendem, gutsituiertem Herrn und von gutgebauten Damen einzulösen unter Chiffre ... (104)

Es ist kein Schicksal, dass du gerade in diesem Moment diese Anzeige liest. Der liebe Gott hat es so gewollt, dass wir uns kennenlernen. Und dieser liebe Gott bin ich. Chiffre ... (105)

Meine Scheidungsanwältin hat mir nicht gefallen. Die Familienrichterin war mir viel zu alt. Deshalb wäre es mir recht, dich über diese Anzeige kennenzulernen. Chiffre ... (106)

Willst DU DEN, der Konrad heißt und orthografisch trotzdem nicht vollkommen ist, mal auf eine Buchstabensuppe einladen? Chiffre ... (107)

Vorsicht! Infektionsgefahr! Inkubationszeit: Drei Sekunden.
Symptome: Herzrasen und Atemnot. Diagnose: Mein Lachen ist
ansteckend. Chiffre ... (108)

Es ist eigentlich überhaupt nicht wichtig, was in dieser
Anzeige steht. Viel wichtiger ist, dass du mir schreibst.
Chiffre ... (109)

Dass du lesen kannst, hast du jetzt bewiesen. Aber kannst
du auch schreiben? Chiffre ... (110)

Liebe Gabi oder Susi oder Moni oder wie du heißt. Ich heiße dich herzlich willkommen in meinem Leben. Chiffre ... (111)

Zu zu zweit zweit geht geht alles alles besser besser. Chiffre ... (112)

James Blond sucht Ka-Ge-Be-Agentin. Nehme für's Bett eventuell auch Ef-Bi-Ei- oder Ci-Ei-Eh-Braut. Aber bitte keine Be-Enn-De-Schlafmütze. Chiffre ... (113)

Teetrinkerinnen lasse ich ziehen. Suche Kaffeetante, die sich erst setzen und später die Krönung erleben will. Chiffre ... (114)

Meine Mama hat mich vor über zehn Jahren aufgeklärt. Es wird Zeit, dass mir endlich jemand zeigt, wie das in der Praxis funktioniert. Chiffre ... (115)

Ein Sechser im Lotto wäre schön. Ein Sechser mit Superzahl wäre schöner. Sex mit dir wäre am schönsten. Superlative schreiben bitte an Chiffre ... (116)

Ich mache alles für dich, ob du willst oder nicht. Du brauchst mir nur zu schreiben, ob du willst oder nicht. Chiffre ... (117)

Ich hatte eine schwere Kindheit, habe immer noch eine lange Nase, mache meistens blöde Witze und heiße nicht Mike Krüger. Wer opfert sich freiwillig und schreibt mir trotzdem? Chiffre ... (118)

Solides männliches Schmuckstück – Made in Germany – sucht neue Besitzerin. Chiffre ... (119)

Du hast das große Los gezogen. Denn ich bin meine Frau los und trotzdem keine Niete. Freie Auswahl unter Chiffre ... (120)

Ich verspreche dir hiermit, dass ich dich auch an ganz außerge-wöhnlichen Stellen küssen werden. In der ägyptischen Wüste. An einem Traumstrand auf den Malediven. Oder auch auf den Mund. Chiffre ... (121)

Mein rechter, rechter Platz ist leer, ich wünsche mir ein Mädchen her. Chiffre ... (122)

Joker gibt es leider viel zu selten. Wenn du mich aufnimmst, gewinnst du garantiert. Chiffre ... (123)

Ich heiße Pinoccio und wollte bloß noch mal an den Spruch erinnern: An der Nase des Mannes erkennt man ... du weißt schon. Super, dass du gleich schreibst. Chiffre ... (124)

Meinem Papa ist die Frau weggelaufen. Deshalb sucht er jetzt eine Mama für mich, die über 1000 Meter nicht schneller als fünf Minuten läuft. Chiffre ... (125)

Man muss nicht Gerhard heißen, um vier Mal zu heiraten.

Man muss nicht Joschka heißen, um im Grünen zu wohnen.

Man muss nicht Oskar heißen, um sein Herz links zu tragen.

Ich mache lieber selbst Familienpolitik. Vielleicht mit dir?

Chiffre ... (126)

Du hast heute morgen vor dem Spiegel gestanden. Stimmts?!
Du hast zum Frühstück Kaffee getrunken. Stimmts?! Du bist
gleich nach dem Frühstück zur Arbeit gegangen. Stimmts?!
Wenn ich schon so viel von dir weiß, kannst du mir eigentlich
ruhig mal schreiben. Chiffre ... (127)

Du wirst dich bestimmt an mich erinnern. Ich bin der,
der dich vergangene Woche so traumhaft angelächelt hat.
Als dann der Wecker klingelte, warst du so plötzlich weg.
Bitte melde dich. Chiffre ... (128)

Reklame

Ich heiße nicht Claus. Ich habe aber Taler und alles, was ein Mann braucht. Zwar nicht immer. Aber immer öfter. Chiffre ... (129)

You can't beat the feeling, wenn du dich mit mir auf eine Coke verabredest. Chiffre ... (130)

Nimm mich. Da weiß man, was man hat. Im Winter und bei 30 Grad. Chiffre ... (131)

Ich geb' mir die Kugel, wenn mir nicht bald was Süßes über den Weg läuft. Chiffre ... (132)

Schreib dem Joghurt-Mann, keiner macht dich mehr an. Chiffre ... (133)

Ich bin weder schwarz, noch süß, geschweige denn lila, aber trotzdem die zarteste Versuchung, seit es Schokolade gibt. Chiffre ... (134)

Where do you want to go today? Vielleicht zu mir? Chiffre ... (135)

Liest du noch? Oder schreibst du schon? Chiffre ... (136)

Bauknecht weiß, was Frauen wünschen. Welche Magd wäscht für mich zum Schleuderpreis. Chiffre ... (137)

Echter Nordhäuser mit Bett im Doppelkornfeld sucht Eckes Edelkirsche. Chiffre ... (138)

Sportlicher Ritter – quadratisch, praktisch, gut – sucht etwas Süßes, etwas Spannendes und etwas zum Spielen. Milchmädchen melden sich unter Chiffre ... (139)

Axe(l) mit dem Duft, der Frauen provoziert, kann wirklich länger. Den Axe(l)-Effekt gibt es unter Chiffre ... (140)

Mann vom Mars – macht mobil bei Arbeit, Sport und Spiel – sucht Frau zum Anbeißen. Chiffre ... (141)

Bei ARD und ZDF sitzt du in der ersten Reihe. Ich lasse dich bestimmt nicht sitzen. Versprochen. Chiffre ... (142)

Zeitungsleser sucht Freundin. Oder Brigitte. Oder Petra. Oder Tina. Oder Lisa. Aber kein Bravo-Girl. Aus dem Alter bin ich raus. Chiffre ... (143)

Fürst Metternich sucht Rotkäppchen, das den Mumm hat, mit ihm ein Söhnlein Brillant zu zeugen. Chiffre ... (144)

Ich nehme mir jetzt das Leben.
Genau das, das mir gefällt.
Chiffre www.julianromeos.de